THE COACH

C'EST QUOI LA QUESTION ?

118, avenue Achille-Peretti – CS 70024
92521 Neuilly-sur-Seine Cedex

www.michel-lafon.com

MANU LEVY

C'EST QUOI LA QUESTION ?

Le livre pour faire fermer leur gueule à tous ceux qui ont réponse à tout

Illustrations de
Mango & Clo et ZeMiaL

Michel LAFON

RÉVEILLEZ-VOUS TOUS LES MATINS
AVEC MANU DANS LE 6/9 SUR NRJ
DeBonneville-Orlandini crédit photo : Alex Mahieu
MANU
DANS LE
6/9
AVEC NIKO, ORIANE, MANU, MÉLANIE ET MOURAD
NRJ
HIT MUSIC ONLY !

“Lorsque Anastasia Steele, étudiante en littérature, interviewe le richissime jeune chef d’entreprise Christian Grey, elle le trouve très séduisant mais profondément intimidant...”

Pardon !!! Le texte ci-dessus est en fait le début du résumé de mon prochain livre, dont le titre sera 50 nuances de Grey.

Revenons donc au livre que vous tenez entre les mains. Ce livre, je devais l’appeler au départ La Bible. *Mais pour une sombre histoire de titre déjà pris, j’ai dû le renommer... Il est devenu :* C’est quoi la question ?

Mais c’est quoi, C’est quoi la question ?

Un livre à lire à plusieurs, ou seul si vous détestez les autres.

Vous allez vous engouffrer dans une gigantesque liste de questions, dilemmes et autres interrogations, à laquelle vous devrez absolument répondre. Oui, absolument. Sinon, c’est pas du jeu.

Il n'y a pas de bonne ou de mauvaise réponse. Il y a juste votre choix ou votre réponse.

J'ajouterai qu'il est interdit de répondre en utilisant les expressions suivantes :

- *Aucun des deux !*
- *Ça dépend.*
- *Je sais pas, là, franchement, elle est relou la question, passe à la suivante.*
- *Mais c'est impossible, comme truc !*
- *Trop nulle la question, tu veux pas plutôt me montrer tes seins ?*

J'espère que vous vous amuserez autant que nous lorsque nous l'avons écrit. Oui, car je ne suis pas seul dans l'histoire : j'ai écrit ce livre avec Micho, un homme recherché par les services de police de plusieurs pays, mais rigolo.

Amusez-vous bien !

Manu Levy

TU CHOISIS QUOI ?

Ne plus jamais aller sur internet de toute ta vie.

ou

Ne plus jamais faire l'amour.

Il pleut tous les jours pendant tes vacances à la plage.

ou

Il fait très beau, mais tu gardes un cadavre dans ta chambre d'hôtel pendant tout ton séjour.

SERAIS-TU PRÊT À...

COUCHER AVEC BRAD PITT, S'IL PÈTE TOUTES LES 20 SECONDES ?

Coucher avec Britney Spears, si elle a une langue de bœuf ?

Coucher avec ta mère, si ça lui ajoute 50 ans de vie ?

COUCHER AVEC TON PÈRE, SI ÇA LUI AJOUTE 50 ANS DE VIE ?

DE MÉCHANTS EXTRATERRESTRES ENVAHISSENT LA TERRE.

OÙ VAS-TU TE CACHER ?

C'est quoi le plus injuste ?

Une loi qui vous interdirait
à vie d'utiliser tous les accoudoirs
dans le monde.

OU

Une loi qui vous interdirait
à vie d'utiliser des couverts.

Le conseil du coach :
répondre « je prends des baguettes chinoises à la place des couverts » ne compte pas !

On te propulse soit dans le passé, soit dans le futur, sans que l'on te donne de date précise. **Que choisis-tu ?**

Tu peux choisir un seul événement passé, présent ou futur, auquel tu pourras participer. **Quel est ton choix ?**

QUELLE SERAIT LA LOI PLUS DURE ?

CELLE QUI T'ORDONNERAIT, SEULEMENT À TOI, DE CONDUIRE À GAUCHE.

OU

CELLE QUI T'ORDONNERAIT, SEULEMENT À TOI, DE TE BALADER EN SLIP 24 H/24.

COMPLÉTEZ CES PHRASES :

Je me fous de l'âge que j'ai,
moi j'aime toujours

SI ÉTAIT UN SPORT OLYMPIQUE, JE SERAIS MÉDAILLE D'OR.

Je ne pourrai jamais devenir ami avec quelqu'un qui

LORSQU'ON RACONTE UNE BLAGUE, QU'EST-CE QUI EST LE PLUS ÉNERVANT ?

OUBLIER LA CHUTE.

OU

QU'UN POTE BALANCE LA CHUTE JUSTE AVANT TOI.

TU CHOISIS QUOI ?

Manger ton bol de céréales sans lait.

OU

Manger une crêpe toute sèche.

C'EST QUOI LE PIRE ?

SE RETROUVER DANS LES TOILETTES SANS PQ.

OU

SE RETROUVER SANS ALLIANCES À SON MARIAGE.

TA MÈRE QUI SORT AVEC TON EX ?

OU

SORTIR AVEC L'EX DE TA MÈRE ?

C'EST QUOI LE PIRE ?

SE VERSER DU JUS DE CITRON SUR UNE COUPURE.

OU

S'ENFONCER UNE PUNAISE SOUS LE PIED.

SE MORDRE LA LANGUE.

OU

SE TAPER UN ORTEIL CONTRE UNE TABLE BASSE.

Tu peux t'envoyer une note
à toi-même, **plus jeune.**
Que te dirais-tu,
en seulement **deux mots ?**

TU PEUX CHOISIR UN ALIMENT
ET LE FAIRE DISPARAÎTRE DE LA PLANÈTE.
TU CHOISIS LEQUEL ?

Le conseil du coach :
si tu réponds « les frites », je fais du mal à ta famille.

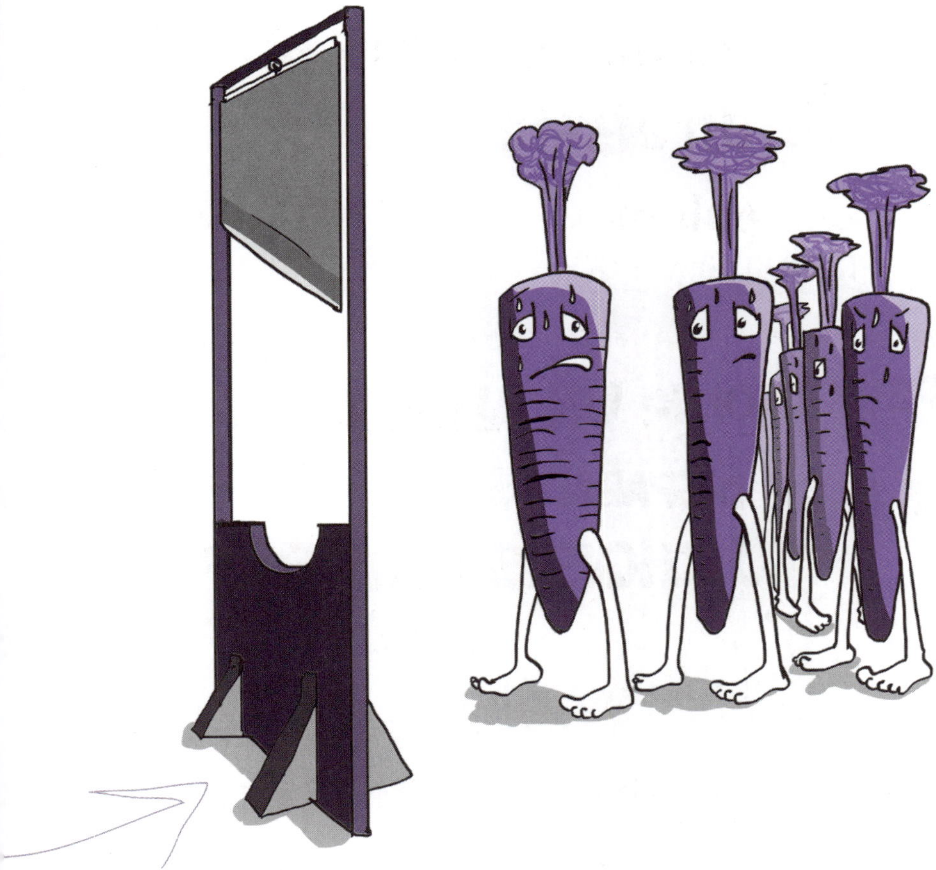

On vous offre un tour du monde.

Mais pour ça, vous devez arracher les ailes d'un papillon vivant.

Vous le faites ?

QUELLE EST LA CHOSE LA PLUS INCROYABLE QUI VOUS SOIT ARRIVÉE À UNE SOIRÉE ?

Dans un **vol** en avion de **12 heures**, vous choisissez d'être assis à côté d'un **bébé** qui pleure ou de quelqu'un qui sent très fort **la transpiration ?**

ON T'OFFRE UN BATEAU. QUEL NOM LUI DONNES-TU ?

Tu te retrouves seul sur une
île déserte.
Quelles sont les **trois personnes**
que tu n'aimerais **surtout pas** voir
arriver pour partager ta vie sur l'île ?

C'EST QUOI LE PIRE ?

TROUVER UN POIL FRISÉ SUR SA PIZZA.

OU

TROUVER UN CAFARD DANS SA SALADE.

SE FAIRE LARGUER.

OU

SE FAIRE VIRER.

Le conseil du coach :

il n'y a pas de pot de départ quand ton ex te plaque.

C'EST QUOI LE PIRE ?

Passer la soirée avec un supporter du FC Lorient qui te raconterait en détail tous les cartons jaunes reçus par l'équipe depuis sa création en 1926.

ou

Passer la soirée avec un jongleur qui te raconterait l'histoire de la jonglerie, laquelle remonte à plus de 4 000 ans.

être jeté nu dans les orties.

ou

Se faire coller 10 chewing-gums dans les cheveux.

POUR COMBIEN TU LE FAIS ?

Mettre une claque
à ta grand-mère.

Courir nu en direct à la télé
durant le défilé du 14 Juillet.

DESSINER UNE MOUSTACHE
SUR LA JOCONDE.

FAIRE PIPI DU HAUT
DE LA
TOUR EIFFEL.

J'TE DÉSHÉRITE !!
25 000, 25 500
26 000,
26 500
...

POUR COMBIEN TU LE FAIS ?

SUBIR **UNE BRÛLURE INDIENNE** DE 10 MINUTES.

Vider un pot de miel dans ta culotte.

VIDER UN TUBE DE COLLE FORTE DANS TON BOXER.

Boire un bol de soupe dans lequel une vieille dame de 89 ans a pris un bain de pieds pendant une heure.

C'EST QUOI LE PIRE ?

ÊTRE DÉVORÉ **VIVANT.**

OU

ÊTRE **ENTERRÉ** VIVANT.

Surprendre tes parents
en train de faire l'amour.

OU

Être surpris par tes parents
en train de faire l'amour.

QUELLE EST LA SITUATION LA PLUS INQUIÉTANTE ?

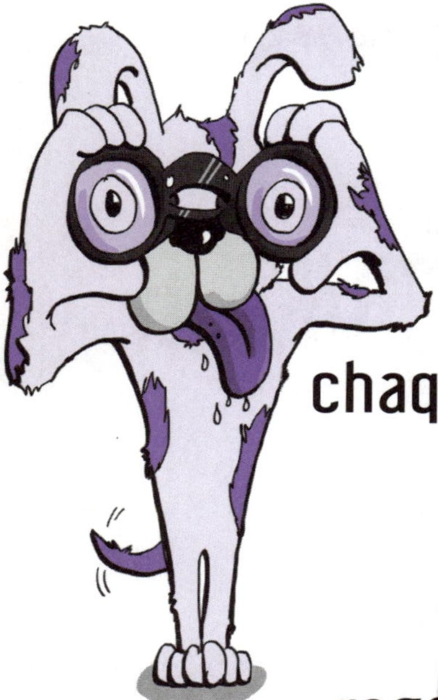

Que le chien
de ton voisin
te regarde fixement
par la fenêtre
chaque fois que tu fais l'amour.

OU

Que ton voisin
regarde fixement
ton chien chaque fois
qu'il fait l'amour.

Entre ces deux phrases, choisissez celle que vous ne voudriez vraiment pas entendre après un repas :

« LA VIANDE QU'ON VOUS A SERVIE EST PÉRIMÉE DEPUIS 1996. »

OU

« LE CUISINIER NE S'EST PAS LAVÉ LES MAINS DEPUIS 1996. »

Quel serait le plus vexant ?

QUE L'ON DONNE TON PRÉNOM ET TON NOM AU NOUVEAU MÉDICAMENT ANTIDIARRHÉIQUE*.

ou

QUE L'ON UTILISE TA PHOTO SUR LES PAQUETS DE CIGARETTES POUR RAPPELER LES EFFETS DU TABAC.

** Il s'agit là du mot le plus long et le plus compliqué du livre. À moi le Goncourt !*

POUR NOËL,
ON T'OFFRE UNE POUPÉE GONFLABLE
À L'EFFIGIE DE LA STAR DE TON CHOIX.
QUI CHOISIS-TU ?

Quelle serait la pire des lois ?

Il est obligatoire de remplacer les animaux en peluche par de vrais animaux.

OU

Il est obligatoire de remplacer sa brosse à dents par la brosse des toilettes.

Le conseil du coach :
ne l'oubliez pas, un bon brossage, c'est 3 minutes !

COMPLÉTEZ CES PHRASES :

UN VERRE DE TROP, ET JE

AU PROCHAIN NOËL, JE NE VEUX SURTOUT PAS QU'ON M'OFFRE

C'EST QUOI LE PIRE ?

LES GUÊPES.

OU

LES MOUSTIQUES.

BZZZZ

TU DOIS IMMÉDIATEMENT FAIRE L'UNE DE CES DEUX CHOSES. LAQUELLE CHOISIS-TU ?

Faire le grand écart.

OU

Boire un litre de boue.

C'EST QUOI LE PIRE ?

S'ÉPILER AVEC DU PAPIER TUE-MOUCHES.

OU

SE RASER AVEC UN SÉCATEUR.

Tomber sur votre mère habillée avec des vêtements d'homme.

OU

Tomber sur votre père habillé avec des vêtements de femme.

TU CHOISIS QUOI ?

Pendant un an, tu te prives de chocolat.

OU

Pendant un an, tu te prives de rapports sexuels.

POUR COMBIEN TU LE FAIS ?

POSER NU AVEC UN PANDA POUR UN CALENDRIER.

QUELLE SERAIT LA PLUS MAUVAISE NOUVELLE ?

Que toutes les fenêtres fassent 5 cm sur 4 cm.

OU

Que toutes les pages des livres soient écrites en Arial taille 80.

APPRENDRE QUE BOIRE DE L'EAU EST MAUVAIS POUR LA SANTÉ.

OU

APPRENDRE QUE TRAVERSER EN DEHORS DES PASSAGES PIÉTONS SERA DÉSORMAIS PASSIBLE DE LA PEINE DE MORT.

C'EST PLUTÔT UNE BONNE NOUVELLE, TU VEUX DIRE !

TU CHOISIS QUOI ?

Pendant un an,
tu te prives d'alcool.

OU

Pendant un an,
tu te prives de rapports sexuels.

QUELLE EST LA PIRE COLLECTION AUJOURD'HUI ?

LES PIN'S.

OU

LES BOULES À NEIGE.

Quelle est la pire piscine dans laquelle plonger ?

Une piscine pleine
de sauce au soja salé.

OU

UNE PISCINE REMPLIE
DE LIQUIDE LAVE-VITRE.

OU BIEN…

UNE PISCINE REMPLIE
DE TAPETTES À SOURIS.

OU ENCORE !…

Une piscine remplie
d'huile de friture.

ENTRE CES DEUX SUPER-POUVOIRS, LEQUEL CHOISIRAIS-TU ?

Voler mais seulement à 10 cm du sol.

OU

Voir à travers les vêtements des gens,
mais uniquement s'ils sont âgés
de plus de 85 ans.

Voyager dans le temps,
mais uniquement à plus ou moins 2 secondes.

OU

Déplacer des objets par la pensée,
mais seulement
des plots de chantier orange.

QUELLE SERAIT LA PIRE DES LOIS ?

Il est désormais obligatoire de rouler bourré.

OU

Il est désormais obligatoire d'être nu pour faire du sport.

IL EST DÉSORMAIS OBLIGATOIRE DE COURIR POUR SE DÉPLACER DANS LA RUE.

OU

IL EST DÉSORMAIS INTERDIT D'EMBRASSER SON ENFANT.

QUELLE EST LA CHOSE…

… QUI VOUS **INSUPPORTE** CHEZ **VOTRE MÈRE ?**

… QUI VOUS **INSUPPORTE** CHEZ **VOTRE PÈRE ?**

… QUE VOUS **AIMEZ FAIRE** CHEZ VOUS **QUAND VOUS ÊTES SEUL ?**

Réponds à ces questions

Quelle est votre habitude la plus bizarre aux toilettes ?

SI VOUS MESURIEZ 1 CENTIMÈTRE, QUEL SERAIT L'ENDROIT LE PLUS COOL OÙ VOUS VOUDRIEZ ALLER ?

CITEZ UNE CHOSE QUE VOUS DÉTESTEZ DANS LE SEXE.

QUEL EST LE PLUS FRUSTRANT ?

Avoir une **panne** d'électricité le jour où tu reçois enfin ta nouvelle **console** de jeux vidéo.

OU

Recevoir la **visite** surprise de tes parents le premier soir où ta nouvelle **petite amie accepte** de venir dormir chez toi.

Réponds à ces questions

Si je t'offre un million pour chaque doigt que je te coupe, je t'en coupe combien ?

Quelle a été ta meilleure « première fois », sexe exclu ?

QUEL EST LE MEILLEUR CONSEIL QU'ON T'AIT DONNÉ DANS TA VIE ?

Que peux-tu faire pendant des heures sans t'arrêter ?

Quel serait le plus triste ?

SE RENDRE COMPTE QUE LA PERSONNE QUE TU DRAGUES DEPUIS 2 HEURES SUR INTERNET EST UN AUTOMATE.

OU

SE RENDRE COMPTE QUE LA PERSONNE QUE TU DRAGUES DEPUIS 2 HEURES SUR INTERNET EST TA MÈRE.

MAMAN!!! C'EST TOI!
VADORETTE

À ce jour,
quel jour de ta vie
n'oublieras-tu jamais ?

LE MONDE SE FIGE.
TOUS LES HOMMES, TOUS LES ANIMAUX.
ABSOLUMENT TOUT.
SAUF TOI. QUE FAIS-TU ?

QUEL A ÉTÉ TON
PIRE MOMENT
DU GENRE « JE PENSAIS
QUE J'ÉTAIS SEUL ! » ?

Quel est
le pire surnom
qu'on t'ait donné petit ?

QUEL EST L'ALIMENT
QUE TU DÉTESTAIS
ÉTANT ENFANT ?

Avez-vous Déjà : Mangé quelque chose de votre corps ?

FAIT L'AMOUR AVEC QUELQU'UN
DE VOTRE FAMILLE,
MÊME ÉLOIGNÉE ?

Volé quelque chose ?
Quoi ?

ENTENDU DES GENS
FAIRE L'AMOUR ?
RACONTEZ !

QUELLE EST LA CHOSE
QUE VOUS AVEZ CHEZ VOUS
ET QUE VOUS N'UTILISEZ JAMAIS ?

Citez une chose apprise
à l'école qui ne vous
a jamais servi dans la vie.

QUEL EST LE PLUS GROS
SECRET QUE VOUS
CONNAISSIEZ SUR QUELQU'UN ?

AVEZ-VOUS ÉTÉ TÉMOIN D'UN « NON »
À UNE DEMANDE EN MARIAGE ?

NON

Quel serait la plus mauvaise nouvelle ?

Que ton père décide de devenir femme.

OU

Que ta mère décide de devenir homme.

POUR SURVIVRE, TU DOIS MANGER TON BRAS.

OU

POUR SURVIVRE, TU DOIS MANGER LE BRAS DE TON PÈRE.

TU CHOISIS QUOI ?

Vous êtes dans la forêt,
soudain vous avez envie de faire « **popo** » ;
et une fois fini, vous vous apercevez
que vous avez oublié **le papier**...
Mais juste à côté de vous,
il y a un lapin et un écureuil.
Lequel prenez-vous pour **vous essuyer** ?

Quel serait la plus mauvaise nouvelle ?

ON T'ANNONCE QU'ON VA TE GREFFER UN SEXE D'HOMME SUR LE FRONT.

OU

ON T'ANNONCE QU'ON VA TE GREFFER UN SEXE DE FEMME SUR CHAQUE JOUE.

Le conseil du coach :
ne l'oubliez pas,
il y a les testicules !

Quel serait le plus triste ?

Ne manger que des cuillères de farine
durant toute ta vie.

OU

Ne boire que de l'eau de pluie
durant toute ta vie.

AVOIR TOUT LE TEMPS UN VIOLONISTE
QUI JOUE DERRIÈRE TOI DÈS QUE TU PARLES.

OU

AVOIR TOUT LE TEMPS UN TROMPETTISTE
QUI JOUE UNE FAUSSE NOTE
APRÈS CHACUNE DE TES PHRASES.

C'EST QUOI LE PIRE ?

Être choisi en **dernier** lors de la composition d'une équipe de sport à l'école.

OU

Être choisi en premier au concours des **Moches d'or.**

ÊTRE UN SUPER-HÉROS SUR UNE PLANÈTE OÙ TOUT LE MONDE EST GENTIL.

OU

ÊTRE UN CURÉ À IBIZA.

pôle emploi

Si tu pouvais prendre
la vie d'un héros
ou d'une héroïne de série
pendant 24 heures,
qui choisirais-tu ?

C'EST QUOI LE PLUS CLASSE ?

AVOIR SON EFFIGIE
AU MUSÉE GRÉVIN.

OU

AVOIR UNE RUE
À SON NOM.

AS-TU DIT QUE TU ÉTAIS VIERGE LA PREMIÈRE FOIS QUE TU AS FAIT L'AMOUR ?

ÉPREUVE PHYSIQUE :

Pour **chaque seconde** passée à maintenir en équilibre un verre rempli d'**eau** sur le front, tout en te tenant à **cloche-pied** avec les mains dans le dos, tu sauves un bébé dauphin.

Combien penses-tu sauver de bébés dauphins ?

Le conseil du coach :
fais ton estimation puis vérifie en relevant honnêtement le défi.

POUR COMBIEN TU LE FAIS ?

VIVRE PENDANT UN AN EN COLOCATION AVEC UN HIPPOPOTAME.

Te laisser glisser une souris vivante dans la culotte.*

** Vous pouvez remplacer culotte par caleçon, boxer, string, tanga, slip, slop, slibard.*

QUELLE EST LA CHOSE LA PLUS ÉTRANGE QUE VOUS AYEZ MANGÉE ?

Le conseil du coach :
une chose mangée par les fesses ne compte pas !

QUELLE EST LA COLLECTION LA PLUS STUPIDE ?

Une collection de **brindilles**.

OU

Une collection de **sacs** de plâtre.

TU CHOISIS QUOI ?

Être la personne la plus belle du monde.

OU

être la personne la plus riche du monde.

ALLER EN PRISON 10 ANS ET D'EN SORTIR AVEC 100 MILLIONS D'EUROS.

OU

ALLER EN PRISON 1 AN ET D'EN SORTIR AVEC 100 000 EUROS.

100 MILLIONS D'EUROS.

C'EST QUOI LE PIRE ?

À VIE, TOUS TES VÊTEMENTS AURONT COMME MOTIFS DES NOUNOURS.

OU

À VIE, TU PORTERAS UN CHAPEAU POINTU DE FÊTE SUR LA TÊTE.

À vie, tu devras utiliser un talkie-walkie dès que tu auras envie de parler.

OU

À vie, tu devras manger la même nourriture que les poissons rouges.

QUEL EST LE FILM
QUE TU **DÉTESTES MAIS**
QUE TOUT LE MONDE **ADORE ?**

Quel est le meilleur délire ?

Manger toute sa vie gratuitement

OU

Voyager gratuitement dans le monde entier.

QUEL SUPER VILAIN POUVOIR CHOISIS-TU ?

TU PEUX FAIRE **POUSSER UN PÉNIS** OÙ TU VEUX SUR **LE CORPS** DE QUELQU'UN.

OU

TU PEUX AJOUTER **VINGT-CINQ DOIGTS** OÙ TU VEUX SUR **LE CORPS DE QUELQU'UN.**

Tu peux transformer la bouche de quelqu'un en **bec** de canard.

OU

Tu peux transformer les pieds de quelqu'un en **pattes** de canard.

FIN

CHOISIS UN PLAT
QU'ON TE RESSERVIRA
TOUS LES JOURS
JUSQU'À LA FIN DE TA VIE.

QUEL SUPER VILAIN POUVOIR CHOISIS-TU ?

Lire dans les pensées.

OU

Voir à travers les vêtements.

L'ARGENT A DÉSORMAIS UNE ODEUR. VOUS DEVEZ CHOISIR :

PÂTÉ DE CAMPAGNE.

OU

REBLOCHON.

TU CHOISIS QUOI ?

RENCONTRER **DIEU.**

OU RENCONTRER **DES EXTRATERRESTRES.**

AVOIR **LE HOQUET TOUTE TA VIE.**

OU

ÉTERNUER TOUTE TA VIE.

Montre ton dernier SMS reçu
et ton dernier SMS envoyé.

MONTRE LA DERNIÈRE
PHOTO
QUE TU AS PRISE.

D'APRÈS TOI,
QUELLE SERA LA PROCHAINE
GRANDE INVENTION APRÈS INTERNET ?

Quelle est la chose
que tu croyais vraie
quand tu étais petit ?

LEQUEL DE CES DEUX SUPER-POUVOIRS CHOISIRAIS-TU ?

Sortir un rayon laser par les fesses.

OU

Respirer sous l'eau,
mais uniquement dans les flaques.

QUEL EST LE MEILLEUR DÉLIRE ?

Se retrouver seul
dans une grande surface.

OU

Se retrouver seul
à la Maison-Blanche.

J'OUBLIE À CHAQUE FOIS ...

Quel est l'achat
le plus inutile que vous ayez fait ?

SERAIS-TU PRÊT À...

COUCHER AVEC M. POKORA,
S'IL A UNE TROMPE D'ÉLÉPHANT
À LA PLACE DU ZIZI.

COUCHER AVEC PAMELA ANDERSON,
SI SES SEINS FONT « POUËT-POUËT »
TOUTES LES 10 SECONDES.

De toute ta vie, un seul et unique mot pourra sortir de ta bouche. Tu choisis lequel ?

QUI EST LE PLUS INFIDÈLE ?

UN GUITARISTE.

ou

UN SURFER.

TU CHOISIS QUOI ?

Que tout le monde puisse avoir accès à l'historique de ta navigation sur Internet.

OU

Que tout le monde puisse avoir accès à ta première relation sexuelle en vidéo.

VIDÉO

FAIRE UNE TÊTE AVEC UNE BOULE DE PÉTANQUE.

OU

TIRER UN PENALTY AVEC UNE BOULE DE BOWLING.

TU CHOISIS QUOI ?

Faire l'amour
à un mouton,
mais personne ne le saura jamais.

OU

Ne pas faire l'amour à un mouton
mais tout le monde pense
que tu l'as fait.

**Regarder
un film porno
en compagnie de tes parents.**

OU

**Regarder tout seul
une sextape de tes parents.**

Quel serait le plus gênant pour toi ?

QUE TOUS TES MAILS PUISSENT ÊTRE LUS PAR TOUT LE MONDE.

OU

QUE TOUTES TES CONVERSATIONS SMS SOIENT ÉDITÉES DANS UN LIVRE.

QUEL RECORD STUPIDE SERAIS-TU PRÊT À BATTRE ?

Pas de brossage de dents
pendant un an.

OU

Pas de shampooing
pendant un an.

NE TE NOURRIR QUE DE HAMBURGERS
PENDANT UN AN.

OU

NE BOIRE QUE DU CAFÉ
PENDANT UN AN.

Tu peux devenir le plus fort du monde dans un sport, mais totalement nul dans les autres. Lequel choisis-tu ?

TU CHOISIS QUOI ?

DEVOIR ÊTRE HABILLÉ TOUTE TA VIE COMME MARIO BROS.

OU

DEVOIR ÊTRE HABILLÉ TOUTE TA VIE COMME ROBIN DES BOIS.

TU ES BLOQUÉ SUR UNE ÎLE DÉSERTE.
POUR FAIRE DU FEU,

TU BRÛLES :

TON CHIEN.

OU

TON GILET
DE SAUVETAGE.

Le conseil du coach :
un chien ne flotte pas très bien, m'a-t-on dit...

Si tu pouvais faire déménager
ton pire ennemi dans l'endroit
de ton choix,
où l'enverrais-tu ?

SI TU DEVAIS TE RÉINCARNER
EN SCHTROUMPF,
LEQUEL CHOISIRAIS-TU ?

Question pour les hommes :

AVEZ-VOUS DÉJÀ DIT PLUS D'UNE FOIS
« JE NE COMPRENDS PAS,
C'EST LA PREMIÈRE FOIS
QUE ÇA M'ARRIVE »
APRÈS UNE PANNE SEXUELLE ?

LA PREMIÈRE FOIS...
DEPUIS HIER, OUAIS !

QUELLE ANOMALIE PHYSIQUE TE DÉGOÛTERAIT-IL LE PLUS DE DÉCOUVRIR LORS D'UN RAPPORT SEXUEL ?

DES ORTEILS SOUS LES SEINS.

OU

DES DENTS SOUS LES BRAS.

Tu es obligé de manger l'un des deux. Lequel choisis-tu ?

UNE ÉPONGE DE CUISINE.

OU

UN GANT DE CUISINE EN LATEX.

ÉPREUVE PHYSIQUE :

À CHAQUE CACAHUÈTE LANCÉE EN L'AIR ET GOBÉE, TU SAUVES UN CHATON.

À CHAQUE CACAHUÈTE RATÉE, UN CHATON DISPARAÎT.

COMBIEN PENSES-TU SAUVER DE CHATONS EN 15 CACAHUÈTES ?

Fais ton estimation puis vérifie en relevant honnêtement le défi.

TU CHOISIS QUOI ?

DEVOIR, À VIE, CHANGER DE MAIN POUR ÉCRIRE.

OU

DEVOIR, À VIE, PARLER EN DANOIS.

Le conseil du coach :
si vous êtes danois, changez en suédois.

Conseil du coach bis : *si vous êtes suédois, retournez au danois.*

Conseil du coach ter : *si vous êtes bilingue suédois-danois, jetez ce livre.*

Tu dois passer les 10 prochaines années **en prison.**
La télé de ta cellule ne peut capter qu'une seule chaîne.
Laquelle choisis-tu ?

Question pour une femme : tu choisis quoi ?

TON HOMME A LA CHAIR DE POULE À VIE.

OU

TON HOMME EST ATTEINT DE SATYRIASISME.

À choisir, où préfères-tu recevoir un bouchon de champagne ?

DANS L'ŒIL.

OU

DANS LE SEXE.

Quel est le pire moment pour faire un prout ?

À UN ENTERREMENT.

OU

JUSTE AVANT DE DIRE « OUI » LORS DE SA CÉRÉMONIE DE MARIAGE.

Cite une chose
que tu as commencée
mais que tu n'as
jamais terminée.

CITE UNE CHOSE
QUE TU AS ESSAYÉE
UNE FOIS,
MAIS JAMAIS RETENTÉE
DE TOUTE TA VIE.

QUELLE EST LA CHOSE LA PLUS DÉBILE QUE TU AIES FAITE IVRE ?

QU'EST-CE QUI T'ÉNERVE LE PLUS ?

Quand tes amis te demandent d'enlever tes chaussures et que tu sais que tes chaussettes sont trouées.

OU

Quand un ami arrive au milieu d'un film et te demande de lui raconter le début.

TU CHOISIS QUOI ?

Être le meilleur
dans **une équipe** nulle.

OU

Être le plus nul
dans **une super** équipe.

POUVOIR RENCONTRER TES ARRIÈRE-ARRIÈRE-ARRIÈRE-GRANDS-PARENTS.

OU

POUVOIR RENCONTRER TES ARRIÈRE-ARRIÈRE-ARRIÈRE-PETITS-ENFANTS.

TU PRÉFÈRES ÊTRE UN GÉNIE EN SPORT, EN PEINTURE, OU EN MUSIQUE ?

Quelle est la chose la plus difficile que tu aies faite dans ta vie ?

ON PEUT SUPPRIMER L'UNE DE TES PEURS. LAQUELLE CHOISIS-TU ?

C'est quoi le meilleur délire ?

Tu deviens une méga-star internationale
mais uniquement
pour toutes les personnes
qui s'appellent **Florent-Bernard.**

OU

Tu hérites de
10 millions de dollars
mais tu ne peux les dépenser
que dans **les crêperies**
de Belle-Île-en-Mer.

Quelles fausses excuses
avez-vous déjà utilisées
pour annuler un rendez-vous ?

Quel est le pire cadeau que
le père Noël puisse offrir ?

UNE BARRE DE POLE DANCE
À UNE FILLE DE HUIT ANS.

OU

UN VRAI SABRE LASER
À UN GARCON DE HUIT ANS.

... ET LÀ, UN TYPE CAGOULÉ DU F.B.I ME CHOPE, ME JETTE DANS UNE VOITURE, DU COUP LÀ JE ME RETROUVE LIGOTÉE DANS UNE CAVE JE NE SAIS OÙ... ENFIN BON, TU VOIS, JE VAIS PAS POUVOIR VENIR CE SOIR EN FAIT...

Racontez aux autres :
comment avez-vous découvert
la masturbation ?

QUELLE EST
LA DERNIÈRE SITUATION
OÙ TU T'ES MIS
EN DANGER ?

POUR COMBIEN
TU LE FAIS ?

TE FAIRE FAIRE UNE COLOSCOPIE
PAR UN AVEUGLE ?

QUELLE EST LA CHANSON QUI TE REND HEUREUX DÈS QUE TU L'ÉCOUTES ?

Quel animal sauvage aimerais-tu transformer en animal de compagnie ?

On t'injecte un sérum de vérité. Quelle est la question que tu espères vraiment qu'on ne te posera pas ?

TU CHOISIS QUOI ?

Faire l'amour caché
en ombres chinoises
sur TF1 en **prime time**.

OU

Faire l'amour la nuit
sur le rond central du Stade de France,
toutes lumières éteintes,
mais avec les tribunes remplies
de 80 000 **spectateurs.**

Le conseil du coach :
certains spectateurs du stade ont des jumelles à infrarouge.

AVEC QUEL SUPER-HÉROS FERIEZ-VOUS L'AMOUR ?

TU DOIS FAIRE DISPARAÎTRE L'UN DES DEUX DE LA SURFACE DE LA TERRE. LEQUEL ?

LES CHIENS. OU **LES CHATS.**

TU CHOISIS QUOI ?

TU NE TE LAVES PLUS JAMAIS LES DENTS.

OU

TU NE TE LAVES PLUS JAMAIS LES PIEDS.

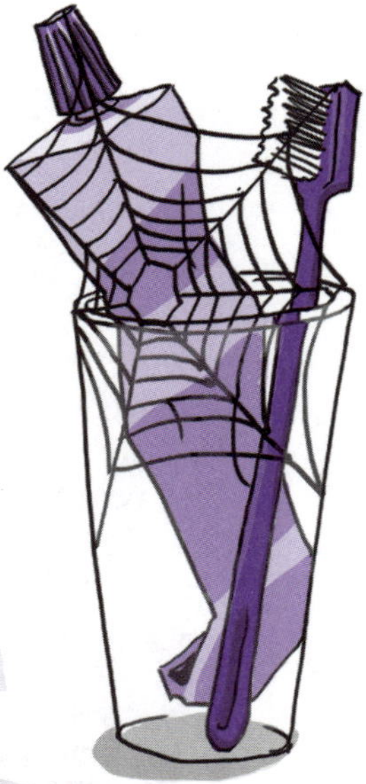

Ton boss baisse de 10 % ton salaire.

OU

Il t'augmente de 10 % mais vient te mettre une claque toutes les 10 minutes.

Si tu as toutes les ressources nécessaires, et si aucune limite éthique ne te bloque, quelle expérience scientifique ferais-tu ?

QUI EST LE PLUS SEXY ?

LE PIANISTE QUI CHANTE.

OU

LE GUITARISTE QUI CHANTE.

Quel est le dernier mensonge
que tu as sorti
à ton ou ta partenaire ?

DANS 30 SECONDES,
TU VAS RESTER AU MÊME ÂGE
TOUTE TA VIE.
TU CHOISIS LEQUEL ?

QUEL EST LE SPORT
LE PLUS ENNUYEUX
À REGARDER
À LA TÉLÉVISION ?

Quel est le meilleur délire ?

Coucher avec 1000 conquêtes une fois.

OU

Choisir une seule personne, et être sûr qu'elle restera avec toi à vie.

Le conseil du coach :
ah ouais...
1000 quand même...

TU ES INVISIBLE, TU FAIS QUOI ?

DANS UNE MINUTE,
ON VA COUPER
UNE PARTIE DE TON CORPS.
TU AS LE CHOIX ENTRE
LE NEZ, LES OREILLES
OU LES PIEDS.
TU CHOISIS QUOI ?

Quel est le meilleur délire ?

Coucher avec 1000 conquêtes une fois.

OU

Choisir une seule personne, et être sûr qu'elle restera avec toi à vie.

Le conseil du coach :
ah ouais...
1000 quand même...

TU ES INVISIBLE, TU FAIS QUOI ?

DANS UNE MINUTE,
ON VA COUPER
UNE PARTIE DE TON CORPS.
TU AS LE CHOIX ENTRE
LE NEZ, LES OREILLES
OU LES PIEDS.
TU CHOISIS QUOI ?

COMPLÉTEZ CES PHRASES :

Je ne pourrai jamais devenir ami avec quelqu'un qui

Heureusement que les gens ne savent pas que je

J'ai déjà
pour impressionner quelqu'un.

Faisons des reproches !

PAPA JE T'AIME, MAIS

MAMAN JE T'AIME, MAIS

À CE JOUR, QUELLES ONT ÉTÉ
LES 5 SECONDES
LES PLUS LONGUES
DE VOTRE VIE ?

5 SECONDES

C'est quoi
le plus impossible ?

JOUER DU PIANO AVEC LES DENTS.

OU

DÉCAPSULER UNE BOUTEILLE DE BIÈRE
AVEC LES FESSES.

VRAIMENT !!! PERSONNE NE VEUT CETTE BIÈRE ?!?

TU DOIS FAIRE DISPARAÎTRE L'UN DES DEUX DE LA SURFACE DE LA TERRE. LEQUEL ?

LES CONSOLES DE JEUX VIDÉO.

OU

LES TÉLÉPHONES PORTABLES.

Quel est le plus triste ?

Un clou qui sert à tenir un tableau.

OU

Un joint de robinet d'évier.

RACONTE LA PREMIÈRE BLAGUE QUE TU AS APPRISE ÉTANT ENFANT.

Le monde entier va te voir pendant 30 secondes. Tu fais quoi ?

LE VIOLONISTE DU TITANIC TE LAISSE CHOISIR LA DERNIÈRE MUSIQUE QU'IL VA JOUER AVANT DE COULER. LAQUELLE ?

Le conseil du coach :
proposer le générique de La croisière s'amuse *serait de mauvais goût.*

TU CHOISIS QUOI ?

Savoir calculer un impôt sur le revenu à 8 ans.

OU

Savoir faire le grand écart à 80 ans.

TU CHOISIS QUOI ?

TU HÉRITES DE LA FORTUNE
D'UN DICTATEUR.

OU

À VIE, TU DOIS
PORTER DES CHAUSSURES DE CLOWN.

Passer le nouvel an
avec toute l'équipe
de France de football.

OU

Recevoir ta star préférée
à ton anniversaire.

TU DOIS FAIRE
DISPARAÎTRE L'UN DES DEUX
DE LA SURFACE DE LA TERRE.
LEQUEL ?

LE CAFÉ
OU LE CHOCOLAT.

LE FROMAGE
OU
LES BONBONS.

C'EST QUOI LE PIRE ?

Être en couple avec un médecin légiste qui ramène du travail à la maison.

OU

Être en couple avec l'ambassadeur français au Groenland.

QUEL EST LE PIRE PARFUM POUR UNE GLACE 2 BOULES ?

CABILLAUD/WASABI.

OU

LANGUE DE BŒUF/LAIT MATERNEL.

C'EST QUOI LE PIRE ?

RESTER DANS UNE VOITURE QUI ROULE À 100 KM/H AVEC UN CHIEN AU VOLANT.

OU

ÊTRE BLOQUÉ DANS UN ASCENSEUR AVEC UN OURS.

Le conseil du coach :
un ours est généralement charmant jusqu'au 5e étage.
Dommage vous êtes coincés au 8e.

Tu peux maintenant faire apparaître la star de ton choix pour lui faire l'amour. Qui choisis-tu ?

Quel est le pire endroit pour avoir un gros souci gastrique ?

DANS UN VOL PARIS-TOKYO.

OU

SUR UN TÉLÉSIÈGE EN PANNE.

RACONTEZ AUX AUTRES...

Quel est l'aliment le plus surprenant sur lequel vous aimez mettre **du ketchup ?**

AVEZ-VOUS DÉJÀ PASSÉ UNE JOURNÉE OU UNE SOIRÉE SANS PORTER DE SOUS-VÊTEMENTS ?

QU'AVEZ-VOUS DÉJÀ VOLÉ DANS UN HÔTEL ?

QUEL SUPER VILAIN POUVOIR CHOISIS-TU ?

TU PEUX FAIRE GROSSIR
N'IMPORTE QUI DE VINGT-CINQ KILOS.

OU

TU PEUX FAIRE POUSSER
LES POILS DE N'IMPORTE QUI D'UN MÈTRE.

Tu peux faire perdre
un mètre à la personne de ton choix.

OU

Tu peux allonger
d'un mètre les pieds de quelqu'un.

POUR COMBIEN TU LE FAIS ?

RESTER 3 MINUTES DANS UNE CAGE, SEUL AVEC UN LION.

Sauter en parachute, sachant qu'il y a une chance sur deux pour qu'il ne s'ouvre pas.

NE PLUS JAMAIS FAIRE DE SEXE DE TA VIE.

Enfermer ta mère en prison pendant un an.

RÉPONDS COMME UN PAPA À SON ENFANT :

Pourquoi ce chien se frotte-t-il à la jambe de papy ?

POURQUOI PAPY LÈVE-T-IL SON MAJEUR DEVANT UN AUTOMOBILISTE ?

POURQUOI PAPY VA-T-IL SUR DES SITES INTERNET XXX ?

Le conseil du coach :
mettez papy en maison de retraite. Vite. Très vite.

Quel est le plus vieux souvenir que tu aies en mémoire ?

TU DOIS FAIRE DISPARAÎTRE L'UN DES DEUX DE LA SURFACE DE LA TERRE. LEQUEL ?

LES BALLONS DE FOOTBALL.

OU

LES JEUX DE SOCIÉTÉ.

ÉPREUVE PHYSIQUE :

À chaque pompe que tu réalises, tu sauves **un bébé panda**.

Combien penses-tu **sauver** de bébés pandas en **30 secondes** ?

Fais ton estimation puis vérifie en relevant honnêtement le défi.

Je tiens à remercier :

Micho, qui a écrit ce livre avec moi. Pom pom !

Ma femme, qui m'a soutenu. Si ! Une fois. Je me rappelle, elle m'a dit : « OK, fais ton livre à la con. Mais moi, je dîne maintenant ! »

Michel Lafon, dont l'anagramme est Leimch Nafol. Ce qui ne veut absolument rien dire.

Merci aussi à Marion, qui a explosé son forfait SMS avec ses messages du type « C'est bon ? T'as fait les textes ? » Oui, Marion, c'est bon, le livre est fini. Tu peux te reposer.

Merci aussi à Margaux !

Merci à ZeMiaL pour m'avoir dessiné si joliment, et pour avoir été patient pendant 20 ans.

Merci à Mango pour ses illustrations made in *Hong Kong.*

Merci à NRJ pour plein de trucs, dont mon salaire.

Et merci à vous ! Car si vous lisez cette page, c'est que vous avez acheté le livre. Ou alors que vous êtes dans un magasin en ce moment même et que vous êtes le genre de pervers à lire les remerciements d'un bouquin juste pour voir si vous y êtes. Ben là, vous y êtes !

Manu

RETROUVEZ TOUS VOS HITS PRÉFÉRÉS
SUR LES WEBRADIOS NRJ
NRJ
HIT MUSIC ONLY !
AVEC LES WEBRADIOS NRJ
VOTRE SMARTPHONE DEVIENT UNE SUPER RADIO.
LES WEBRADIOS NRJ SONT DISPONIBLES GRATUITEMENT
SUR NRJ.FR ET L'APP NRJ (SMARTPHONES ET TABLETTES)

Création et conception
Gilles Legleye

Réalisation
Thomas Leguay

Illustrations
© Mango & Clo

À l'exception des illustrations
représentant Manu Levy
© ZeMiaL

Achevé d'imprimer en Espagne
Dépôt légal : novembre 2013
ISBN : 978-2-7499-1997-3
LAF : 1812

THE COACH